Attends un instant, il faut que je me monte la tête, nom de dieu!

Les douze journées érotiques de Mayeux.

orné de treize gravures coloriées avec soin.

Paris 1830.

Dur comme un roc... femme charmante........dur
comme un roc.....tonnerre de D........

Chapitre 1er

Je ne suis né pour célébrer les Saints!
Voltaire.

Nous allons esquisser douze de ces érotiques journées, si bien remplies pour un homme qui, sous le rapport de la séduction, des forces et de la jouissance, peut s'écrier comme ce modèle des Rois honnête-hommes, que les anciens appelaient Titus et dont les modernes n'ont conservé que la coiffure. Je n'ai pas perdu ma journée! Puissions-nous, admirateur de la force physique et morale de notre héros, le suivre dans cet espace, qu'il a tracé lui même, et mériter le nom glorieux de Tacite du Bordel.

M. Mayeux venait de réparer, au Café Anglais, les pertes causées à sa force par une journée d'orgie, et la truffe succulente garnissait à peine son estomac, réchauffé par un excellent Bourgogne, quant une des plus pourvoyeuses de la St Ernest, qui depuis la chûte de Peyronnet en est réduite à ce métier, allécha notre héros; admirer le mouvement de ses fesses, bander et la suivre, fut pour lui l'affaire d'un moment. Mais le corps d'officiers d'un Régiment arrivé à Paris, occupait toutes les déesses et Mayeux se morfondait dans l'antichambre lorsque, chargé d'un mets succulent, une femme de chambre vint à passer. Elle était belle, il l'invite à partager ses plaisirs, la fille semble douter de sa force herculéenne, et finit par céder à Mayeux qui lui découvre un outil, beau comme un soldat français le jour d'une bataille, en s'écriant. Dur comme un Roc! femme charmante!... Dur comme un Roc!.. Tonnerre de D.....!!

Appelle moi encore scélérat…… si fait… si fait… nom de D……

Chapitre 2.

Fier de conserver le beau titre de Maître-Fouteur que lui ont décerné les déesses sur les autels desquelles il a sacrifié Mayeux vint le lendemain chez la Saint-Ernest. Sa victime de la veille était malade des assauts qu'il lui avait fait soutenir, Les autres beautés reposaient encore, vaincues par des soldats qui bandaient depuis Alger, et la S.t Ernest avait été repoussée par Mayeux lorsqu'une jeune et jolie personne vint s'offrir comme fille d'amour Il fut convenu que Mayeux se chargerait de cette éducation, un appartement leur fut ouvert et la novice au Bordel fut bientôt chiffonnée. L'infidélité de son septième amant avait forcé Charlotte (que Mayeux baptisa des deux nom d'Octavie) a embrasser la carrière de la jouissance, chemin de raison et de philosophie, où jouir est tout, où le jour qui passe est la vie.

La belle craignait que son Instituteur ne s'apperçut des sept brèches faites au trou divin, mais lorsqu'il eut découvert et placé dans sa main douce et potelée le sacrificateur, la novice laissa échapper un de ces Scélérat !! qui annoncent à la fois douce surprise et un certain contente – ment, qui chez Octavie, n'étaient que l'effet du plaisir qu'elle ressentait de penser que la huitième brèche effacerait les sept autres, et Mayeux transporté ne cessait de lui dire « Appelle moi encore Scélérat . . . . si fait . si fait !   Nom de D . . . . !!!

On n'entre pas!.. nom de D.........

Chapitre 3.

Chaque héros a ses faiblesses, et l'historien fidèle doit les retracer comme leurs hauts-faits. César, Virgile, Thibouville. Alcibiade, Villars, Napoléon et tant d'autres que je citerais si j'avais de l'espace en sont-ils moins de grands hommes pour avoir eu toute leur vie le désir que Mayeux n'eut qu'un jour?

Les hommes vulgaires sont fidèles à leurs maitresses, l'homme vraim.t adorable, et M.r Mayeux est à la tête du genre, a trop de succès pour conserver une femme. Une jeune Ouvrière, qui avait été séduite par lui, le rencontre, et lui proteste qu'elle ne le quittera qu'après l'avoir possédé encore. C'est en vain que Mayeux allegue la promesse qu'il a faite de ne jamais rendre deux fois hommage au même autel, trop délicat pour refuser une femme, il l'emmène chez un restaurateur. A la suite d'un ample dîner la belle découvre une paire de fesses faites au tour et ornées de ces deux aimables fossettes, où, nous dit-on, l'amour a mis les doigts en enculant sa mère. Mayeux est fort sur l'histoire. Il se rappelle ce trait; il s'approche cependant du réceptacle ordinaire des plaisirs, mais l'amour l'égare et son enorme vit va furetans le trou voisin. Est-ce Mayeux s'adressant au garçon et à la belle qui redoute par derrière un sacrifice pareil à celui qu'elle a subi par devant, qui s'écrie? — On n'entre pas, nom de D . . . ! . . . . . . !!

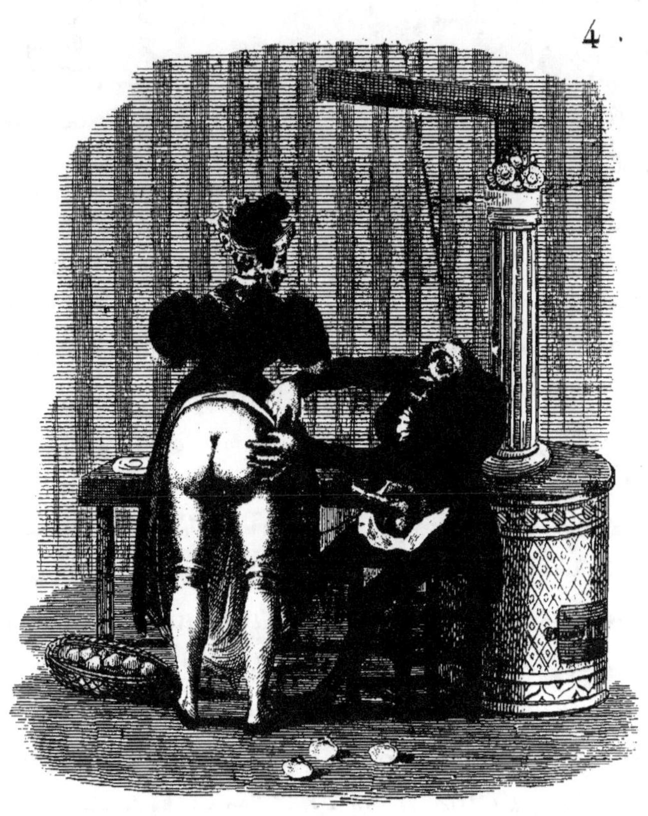

Qué que ça te fait ma bonne nous sommes seule
nom de — D.............

Chapitre 4.

Mayeux, grand admirateur du beau sexe, aimait la bonne chère avec passion; c'en devait être la conséquence inévitable :

Sine Cerere et Baccho friget.

Un matin donc qu'il sortait d'un bordel, il sentit le besoin de réparer ses forces épuisées par les travaux de la nuit; à cet effet, il entra chez un marchand de vin, célèbre pour la confection de ses beef-teack, et la renommée de ses dindes truffées. Il commença par se faire servir une bouteille de sauterne, puis il envoya chercher des huîtres; l'écaillère était une blonde appétissante, grosse, grasse et riant toujours. A cette vue, Mayeux sent son Vit qui s'agite; il se déboutonne pour lui donner plus de liberté; puis il trousse l'écaillère qui lui tournait le dos, et lui pelotte le plus beau fessier du monde. Notre amazone ne voulait pas se laisser faire; mais en jetant les yeux de côté elle aperçut un membre d'une taille si majestueuse que ses sens excités par cette vue, vainquirent ses scrupules et favorisa Mayeux qui lui disait : Qué que ça te fait, ma bonne, nous sommes seuls, nom de D....!!!

Tonnerre de D..... je suis en à la campagne !

Chapitre 5.

Dans ce siècle de plaisirs et de raffinemens je m'étonne qu'un spéculateur (j'ignore si l'on dit une spéculatrice, car l'académie, qui a commencé un Dictionnaire, est depuis 50 ans sur le Q) n'ouvre pas un Jardin Bordel où les amateurs iraient foutre en plein air, et faire voir sans craindre Messiers et gardes champêtres, la feuille à l'envers à leurs belles, un lit, un canapé, un divan, une chaise, n'éveillent pas l'imagination comme un gazon, de l'air, des eaux, de l'ombrage, et tout le monde ne peut avoir maison de campagne.

Mr Mayeux avait résolu d'aller jusqu'à Romainville examiner ces fortifications qui doivent défendre Paris, et nos femmes d'une 3e invasion lorsqu'auprès du Tourne-bride, une jeune fille attire ses regards. En une seconde Mayeux lui a fait son compliment et s'informe si elle est Diane, Calypse &c. Il plaît, on sourit, on répond qu'on attend l'ami du cœur, Élève en droit; Mayeux répond que les Écoles sont révoltées pour la 7e fois, il propose un diner qu'on accepte mais avant on entre dans le bois et Mayeux tendu comme une arbalète et le vit dans l'azile, de la volupté laisse échapper ce cri de bonheur.. Tonnerre de D....! Jouit-on à la Campagne...!!

Madame Mayeux quand j'ai bu........ je suis
terrible nom de D........

Chapitre 6.

Le rappel avait arraché Mr Mayeux à ses plaisirs. Français et Garde national il s'était mis avec ses 100,000 camarades à la recherche de la république de Napoléon II.e. Modèle de la discipline et de la tenue militaires. Mayeux ne quittait jamais son poste et n'aurait pas compromis l'uniforme pour le culte de la plus jolie fille de Paris; son vit, comme les cœurs des héros du V.e d'Orincourt était bandé dans les jours de service. Mais les cantinières ne manquaient pas et l'on patinait des mottes, des tétons et des culs à l'usage des corps de garde, et la bouteille circulait avec bon nombre d'historiettes parmi lesquelles j'ai retenu celle ci.

«On avait parié dans une orgie que celui des convives qui ne foutrait pas six coups payerait du Champagne. Mayeux seul avait été jusqu'au cinquième et les envieux paraissaient douter de la réussite du dernier lorsque, puisant de nouvelles forces dans la position où il l'avait mise sa belle, il l'enfile en prononçant une phrase devenue célèbre. Mayeux décharge et ne débande pas!»

Enfin l'ordre du départ est donné. Mayeux rentre chez lui à jeun de femmes et plein de vin. Il trouve son épouse au lit. Il s'élance sur elle comme un satyre en disant: «Madame Mayeux, quand j'ai bu je suis terrible, nom de D...!»...

Chapitre 7.

Vite un coup d'poignet
C'est la devise de Nanette
Vite un coup d'poignet
C'est sitôt fait

J....

Le Champagne mousse, les chansons gaillardes se succèdent, entr'autres celle qui sert d'épigraphe à ce chapitre, et Mayeux, placé entre deux filles charmantes, veut essayer si les légères oscillations d'une jolie main valent d'autres plaisirs. Sa main droite chatouille un con de carmin et un poil d'ébène, tandis que la gauche pelotte des fesses adorables. Posé, plutôt qu'assis, sur un divan il laisse aller sa tête dans un des bras de celle qui titille le nerf érecteur ; chacune de ses partenaires cherche un nouveau moyen d'augmenter ses transports, lorsque, pour la ruine de l'Orthopédie, car, après avoir lu, aucun bossu ne voudra, couché sur un lit de fer, aligner sa colonne vertébrale, celle que Mayeux fourrageait en plein con pour lui rendre le plaisir qu'elle ressentait s'imagine de passer légèrement la main sur l'énorme protubérance qui le distingue et fait sentir à cette bosse, jusqu'alors insensible, tout le plaisir qu'éprouve une paire de couilles quand une main exercée lui fait la patte d'araignée. Alors ce ne sont plus des plaisirs que ressent Mayeux, il sue la jouissance par tous les pores, son visage s'anime, son poil se hérisse et s'adressant tour à tour à chacune des belles, selon l'exercice de ses fonctions il leur dit d'une voix entrecoupée : « Ah !.. Séductrice !.. tu frottes la bosse à Mayeux . . . . . vas !.. vas !.. . vas !! . !

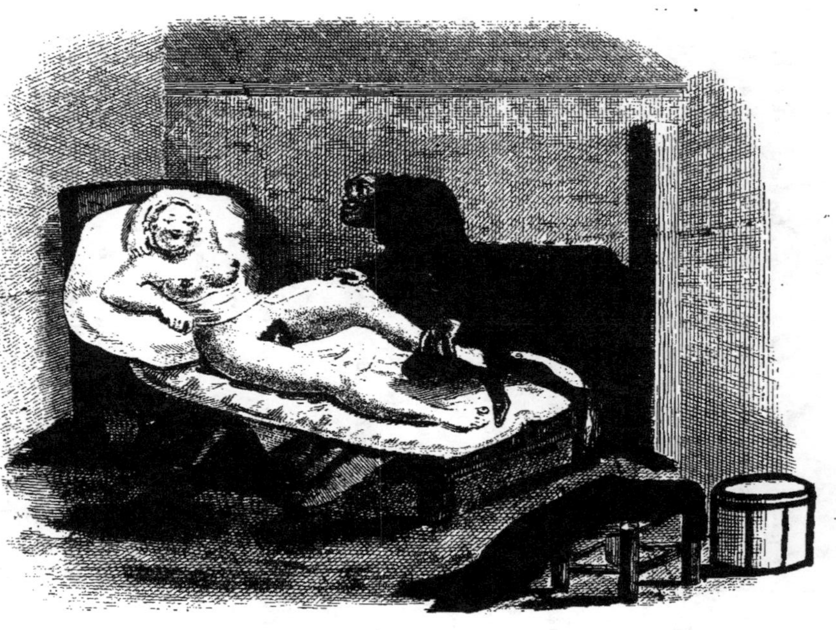

_ La femme est elle bonne, nom de D......

Chapitre 8.

Lors m'approchant de la belle endormie,
Et d'une main qu'amour rendait hardie,
Je découvris ses plus secrets appas.
Dormait toujours la gentille pucelle!
Piron.

Après les trois journées glorieuses dans lesquelles notre héros s'était illustré au point que toutes les femmes raffolaient de lui, Mayeux reçut un billet parfumé, signé par une jolie femme qui l'invitait à un souper délicat, tête-à-tête avec elle. Il ne faillit point à s'y rendre : il est d'abord introduit par une jeune soubrette, au minois égrillard, à laquelle il fait des agaceries qui ne sont pas trop mal reçues ; il va poursuivre ses galantes entreprises, mais la maîtresse qui avait entendu sonner, arrive et interrompt notre homme qui, en la voyant reste frappé d'admiration. Figurez-vous une brune de 26 ans, aux yeux vifs, au corps souple, à la démarche voluptueuse, et vous jugerez quel effet elle dut produire. Ce fut au point qu'il lui donna à peine le temps d'arriver à son appartement où, la prenant dans ses bras musculeux, il l'enlève en la renversant sur le lit, et lui plonge son dard écumant jusqu'aux gardes malgré l'étroitesse du lieu qu'il envahit ; il recommence cette manœuvre trois fois ; et, après le souper, animé par le vin et les liqueurs, le même nombre de sacrifices arrose la victime.

Vous allez croire qu'un travail de cette nature a épuisé ses forces ; mais, comme hercule il est infatigable. L'heure du départ est arrivée ; il sort de l'appartement, traverse plusieurs pièces sans rencontrer la soubrette à laquelle il aurait voulu dire deux mots. Il la cherche et finit par trouver sa chambre : il entre. Fatiguée, elle s'était étendue sur son lit, la tête appuyée sur un de ses bras, la gorge entièrement découverte, et paraissant plongée dans le plus profond sommeil. Mayeux s'approche, baise ses tétons charmans, soulève sa chemise, et découvre au dessous d'une motte fortement ombragée, une fente mignonne dans laquelle il ne peut s'empêcher de glisser une langue active et frétillante. Enflammé, bouillant d'ardeur, et bandant comme un carme c'est à ce moment qu'il s'écrie :

La bonne est-elle bonne, nom de D...!!!

Tu n'as pas piqué des vers, nom de D......

Chapitre 9.

C'est en vain que les envieux et les esprits mal faits veulent comparer Roquelaure à mon héros qui ne lui ressemble que par la pine. Roquelaure n'avait pas l'avantage d'être bossu comme Mayeux ; il avait le nez plat, le visage commun, il avait de l'esprit comme un putassier du tems de Louis quatorze mais approche-t-il de l'inimitable Mayeux ? Impossible ! Roquelaure avait en outre le défaut de puer et d'être noble, Duc et Pair !

Pour avoir une idée de sa délicatesse suivons Mayeux dans la chambre d'une grisette qu'il vient d'enlever à un sergent de la garde Municipale.

Un Roquelaure se fut couché, eut dérangé une chaise, un rien qui aurait trahi l'infidélité de la maitresse du Soldat chargé de la morale publique, mais Mayeux ! il place la belle en batterie et termine en l'admirant, le couplet qui nous sert d'épigraphe :

Ah ! si de la lune ton cul,

Avait la hauteur importune

Je serais un homme perdu :

Car aujourd'hui je prends ton cul

Et je ne puis prendre la lune !

mais la jouissance le suffoque et il décharge en disant. Tu n'es pas piquée des vers !. Nom de D......!

...nom de D..... je les foutrai toutes trois !!

Chapitre 10

J'aime les rapprochemens entre les grands hommes, et je comprends sous ce titre tous les hommes qu'une qualité éminente distingue. Un mot d'eux donne la mesure de leur génie et prouve qu'ils ont la connaissance de leur force. Bonaparte, surtout, est renommé pour ces mots où se peignait sa grande âme. Eh! bien, j'ai un mot de Mayeux et un mot tout à fait caractéristique.

La S.ᵗᵉ Ernest voulait faire un choix parmi trois jeunes beautés pour² en orner la couche d'un fouteur en toge Magistrat à réquisitoires mais qui quittait volontiers le palais de Justice pour le palais du cul.

Mayeux fut invité à foutre celle qui mériterait le plus par ses formes et son talent cet insigne honneur. Il s'installe dans un large fauteuil et fait mettre nues, devant lui les trois concurrentes; les six tétons, les 1² six fesses, les six cuisses, les trois cons et le reste sont tour-à-tour admirés, tâtonnés, chatouillés, baisottés, suçottés. Dans l'attente du du choix de ce nouveau Pâris, les beautés se disputent des charmes et joutent à qui en découvrira de nouveaux. Tout à coup comme animé du feu sacré Mayeux impose silence, on attend et chacune croit emporter la pomme, et il laisse enfin tomber ce mot heureux qui le peint.

Tonnerre de D . . . . . . ! Je les foutrai toutes trois !.

Chapitre 11.

Vous, ennemis du trou qui vesse
Venus à recouvert ses boxons !
On nous disait : foutez en fesse,
Nous avons dit : foutons en cons !
Rassemblons les gouines éparses
Vivent les gueuses et les farces !
En avant ! courtons !
Défonçons les cons
A grands coups de cul, de pine, de roustons
Faisons cramper les garces !!
(Parisienne travestie)

Mayeux ! c'est le caméléon de la volupté ; il prend toutes les formes qu'elle inspire pour contenter non-seulement ses sens, mais ceux aussi de la femme cent fois heureuse qui partage ses plaisirs. Qu'un Adonis se pavane sur un lit, grand comme un chêne et froid comme un marbre, quelle jouissance procure-t-il à celle qui l'admire, mais Mayeux souple comme un gant, facile comme un écureuil pose dans un même moment sa pine dans une bouche et sa langue dans un con, et fait passer par tous les plaisirs celle qui le possède, hélas ! un seul instant. Et les femmes pourraient préférer à ce mouvement perpétuel de fouterie, à ce bonheur, donné par un bossu, les caresses bourgeoises, froides et guindées d'un homme qu'on trouve superbe parce que sa colonne vertébrale est droite comme un I ! non, les gaillardes s'y connaissent, elles prient, elles pressent, elles obsèdent Mayeux, et savent tout ce qu'il promet, tout ce qu'il peut tenir quant il leur dit avec un charme tout irrésistible „ Allons nous faire des scélératesses ! Nom de D. . . . . . !!

avec un Garde du Corps, tonnerre de D.....

ô rage, ô désespoir, ô f... ennemie,
N'ai je donc tant vécu que pou... infamie!

Couvrons de voiles funèbres cette partie de notre ouvrage et résignons la
putain assez malheureuse pour méconnaître un héros et pour mériter sa
haine et sa vengeance !!

Une jeune fille avait séduit Mayeux, pour elle il avait fait bien des
sacrifices, depuis 8 grands jours elle était l'objet unique de ses caresses, et les
belles de Paris, inquiètes, ne savaient si elles devaient ou non pleurer leur
maître et leur ami. Mayeux avait mis sa nouvelle amie dans une fort jolie
chambre et poussait la faiblesse jusqu'à céder à ses désirs en se montrant à
elle en uniforme, bref, il arrive, mais plutot qu'elle ne l'attendait. Porteur
d'une double clef il entre doucement croyant la trouver endormie, mais il
la trouve à bidet sur les genoux d'un ex garde du corps qui devait la
vie à la générosité de Mayeux... l'éclair est moins prompt, la foudre
est moins terrible, il dégaine son briquet et d'un coup de revers il sépare
la pine des couilles du suborneur et ne fait qu'un seul trou des deux
trous de la coquine. A leurs cris on accourt, les plus empressés vont
chercher la Police, qui voyant qu'il ne s'agit pas de république mais
de culs, ne juge pas à propos d'y fourrer son nez et Mayeux, terrible, le
sabre nu et sanglant à la main, traverse la foule étonnée en criant
d'une voix de Stentor : « Avec un Garde du corps... Tonnerre de D....!!!